ピンとくる仕事や先輩を見つけたら、巻末のワークシートを記入用に何枚かコピーして、
手もとに置きながら読み進めてみましょう。

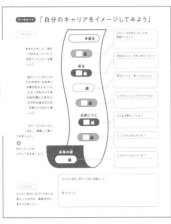

ワークシート
「自分のキャリアをイメージしてみよう」

ワークシート
「自分にとって大切なことを考えてみよう」

このワークシートは、自分の未来を想像しながら、
自分が今いる場所を確認するための、強力なツールです。

STEP1 から順にこのワークに取り組むと、
「自分の得意なこと」や「大切にしていること」が明確になり、
思わぬ気づきがあるでしょう。

そして、気づいたことや思いついたことは、
何でもメモする習慣をつけるようにしてみてください。

迷ったとき、くじけそうなとき、記入したワークシートやメモをふりかえれば、
きっと、本来の自分を取り戻し、新たな気持ちで前へと進んでいけるでしょう。

さあ、わくわくしながら、自分の未来を想像する旅に出かけましょう。

ボンボヤージュ、よい旅を！

ジブン未来図鑑編集部

ジブン未来図鑑

キャラクター紹介

「スポーツが好き！」
「食べるのが好き！」

メインキャラクター

ケンタ
KENTA

参謀タイプ。世話好き。
怒るとこわい。食べるのが好き。

「アニメが好き！」
「演じるのが好き！」

メインキャラクター

カレン
KAREN

リーダー気質。競争心が強い。
黙っているとかわいい。

「医療が好き！」
「おしゃれが好き！」

メインキャラクター

ユウ
YŪ

人見知り。ミステリアス。
独特のセンスを持っている。

「子どもが好き！」
「動物が好き！」

メインキャラクター

アンナ
ANNA

ムードメーカー。友だちが多い。
楽観的だけど心配性。

「宇宙が好き！」
「デジタルが好き！」

メインキャラクター

ダイキ
DAIKI

ゲームが得意。アイドルが好き。
集中力がある。

職場体験完全ガイド＋

ジブン未来図鑑

JIBUN MIRAI ZUKAN

8

医療が好き！

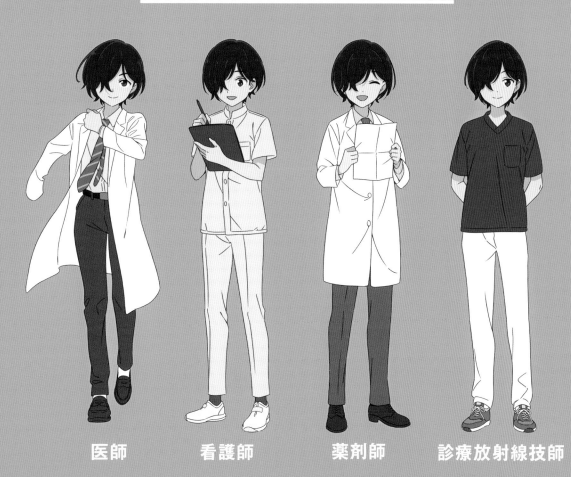

医師　　　　看護師　　　　薬剤師　　　診療放射線技師

DOCTOR

医師
い　し

どんな勉強を
したらいいの？

？

免許が取れたら
すぐに診察
できるの？

？

体力も
必要って本当？

？

病院以外でも
はたらけるの？

？

医師ってどんなお仕事？

医師は、患者さんの治療やリハビリテーションなどを行う臨床医と、薬剤や治療法などの基礎医学を研究する研究医に大別されます。臨床医は、大学病院や総合病院、診療所、介護施設などに勤務し、内科・外科・小児科・眼科など専門の科に分かれて診療しますが、個人で病院を経営する開業医の場合は、複数の科にまたがって診療を行う場合もあります。人の生命にかかわる仕事なので、強い責任感と使命感がもとめられます。患者さんから病状などを聞いたり、その家族に治療方針などを説明したりする際には、コミュニケーション力も必要です。医師になるためには、大学医学部の6年制課程を卒業後、医師国家試験を受験し、医師免許を取得する必要があります。

給与
（※目安）

38万円

くらい～

研修医時代の給料は高くはありませんが、勤務医となり、キャリアを積めば収入も増加します。独立し、開業医として成功すると高収入も期待できます。

※既刊シリーズの取材・調査に基づく

(医師になるために)

ステップ 1

大学の医学部医学科で6年間学ぶ

解剖学や生理学、薬理学などの基礎医学や臨床医学を学び、医師国家試験の受験資格を得る。

ステップ 2

国家試験に合格し、医師免許を取得

医師国家試験を受け、合格すると、厚生労働大臣より医師免許が与えられる。

ステップ 3

研修期間を経て医師に

2年間の研修後、医師として医療現場に。さらに3～5年間の研修で専門医の資格取得も。

こんな人が向いている！

人の話を聞く力がある。

体力に自信がある。

冷静に判断できる。

探求心がある。

集中力と忍耐力がある。

もっと知りたい

医師国家試験では、基礎問題、診察や治療に関する臨床問題、倫理観などの問題が出ます。合格後、2年間の研修で複数の診療科を学び、自分の専門を決めて医師となります。さらに3～5年間の研修を受け、専門医へとスキルアップする道もあります。

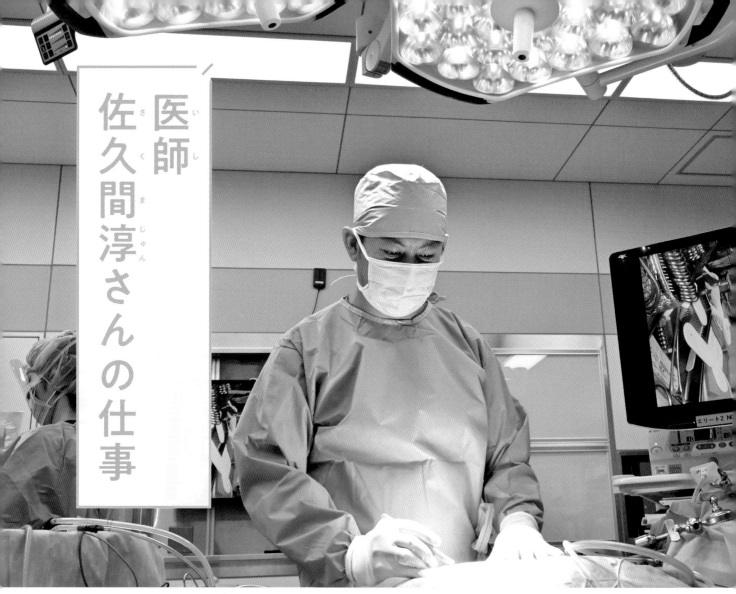

医師
佐久間淳さんの仕事

外科手術は患者さんの様子を見ながら迅速に進めます。長時間におよぶこともあり、気力と体力が要求されます。

患者さんの幸せを考えて
がんを治すことをあきらめない

　佐久間淳さんは、NTT東日本関東病院の医師で、専門は消化器外科です。口から肛門まで続く消化器官のうち、特に食道、胃、十二指腸の3つの臓器をみる上部消化管チームに所属しています。

　佐久間さんが外来で診察する患者さんのほとんどは、消化器系のがんをわずらった人です。この病院に来る患者さんは、近くの医院やかかりつけの医師から、患者さんの情報や症状を書いた紹介状を持参することに

なっているので、佐久間さんが診察する時には、「おそらくこの病気だろう」という見当がついていることが多いです。紹介状の内容を参考にして、佐久間さんは、問診であらためて患者さんから病歴や症状などを聞きとり、さまざまな検査の結果を見て診断を確定します。病名が確定したら、次にどんな治療を行うか、手術ができる状態かなどを検討します。手術をすることが決まれば、患者さんの病状や手術室の予約状況などを見ながら、手術と入院の計画を立て、患者さんとその家族に、わかりやすくていねいに説明します。

　がんの進行度合いや病状によって手術ができない患

者さんの場合は、薬による抗がん剤治療や放射線治療が検討されます。佐久間さんは、腫瘍内科や放射線科の医師とも相談しながら、治療法を考えて進めます。

また、その患者さんのがんを治すには、ほかの病院で治療するのが最善の方法だと判断したら、別の病院を紹介することもあります。がんが進行して治すことがむずかしい患者さんの場合も、その患者さんが残された時間を幸せにすごすために最善の策は何かを考え続けます。がんを治すことをあきらめないというのが佐久間さんの信条です。

佐久間さんのスケジュールは、1週間ずつ曜日ごとに手術を中心に組み立てられています。外来の診察は手術以外の時間にあてられ、診察の時間に救急の患者さんの要請を受けると、その対応もします。

近年は、腹部に小さな穴を開けて腹腔鏡や手術道具を入れ、専用のカメラで映し出したモニターを見ながら行う腹腔鏡手術が主流になってきました。これまでのように、おなかを大きく切開しなくてすむため、患者さんの体への負担が少なく、術後の回復も早いのです。さらに最近では、これまで不可能だったきめ細かい切除を、ロボットに支援してもらいながら行う手術法も導入されました。佐久間さんは、日々最新の医療技術を習得し、より高度な診療ができるように勉強を続けています。

外来では問診が診察の基本です。症状やこれまでかかった病気のことなど、会話をしながらあらゆる病気の兆候をさぐります。

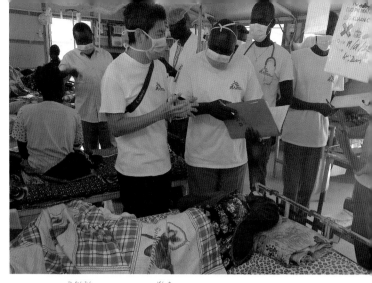

南スーダンの避難民キャンプでは、現地スタッフの助けを借りながら、さまざまな治療や手術にあたりました。

「国境なき医師団」の一員として世界中で命を守る活動をする

佐久間さんは、これまで医師として「アフリカで医療援助活動をする」ことをめざしてきました。そのためにNTT東日本関東病院では、自分の専門に限らず幅広く臨床経験を積み、技術をみがいています。

2021年に念願がかない、「国境なき医師団（MSF）」の活動に参加することができました。「国境なき医師団」は、1971年にフランスで設立された非営利の医療・人道援助団体で、紛争や災害、貧困などにより危機にある人々に、緊急医療援助活動を行っています。

佐久間さんは南スーダンの避難民キャンプに派遣され、ただ1人の外科医として、1日に10件以上の手術を行う経験をしました。子どものやけどや、銃器によるけが、おなかを切開して赤ちゃんを取り出す帝王切開によるお産など、さまざまな患者さんが次々と運ばれて、診療内容は多岐にわたりました。治療方法に困った時には日本や海外にいる専門の医師仲間に連絡をとり、相談して乗り越えました。

佐久間さんは、今後も「国境なき医師団」での活動を続け、その経験を日本の医療現場にも活かしたいと考えています。

JUN'S **1DAY**

佐久間淳
さんの
1日

外来の診察や手術、ロボット手術の練習、論文作成も行う、佐久間さんの1日を見てみましょう。

出勤したら、電子カルテを見て、緊急に対応が必要な患者さんの病室へ行き、そのあとメールをチェックします。

上部消化管チームの医師と入院患者さんを回ります。10〜20人の担当患者さんを、30〜40分かけて回ります。

5:30
起床・朝食

6:00
出勤

7:30
病棟回診

1:00
入浴・就寝

23:30
帰宅・夕食

21:00
論文作成

病院の図書室で、収集したデータを解析したり、資料を見たりしながら、研究論文を作成します。

手術室入口
Operating Room Entrance

21:00

| 8:30 | | 13:00 |

毎朝行うカンファレンスでは、外科医全員で、病棟の患者さんの状態を共有し、当日予定されている手術の確認などを行います。

外来の患者さんに、症状やこれまでにかかった病気、アレルギーの有無などを聞き、診断の手がかりにします。救急の患者さんの対応もします。

職員食堂で同僚と食事をします。雑談で気分をリフレッシュしますが、同僚から貴重な医療の情報を聞くこともあります。

感染防止のため、2回手洗いし、消毒剤も使用します。麻酔をした患者さんに続いて手術室に入り、手術着を着せてもらいます。

8:00
カンファレンス（会議）

8:30
外来・救急対応

12:00
昼食

13:00
手術準備・麻酔導入

20:00
ロボット手術の練習

19:00
病棟回診

17:00
カンファレンス

13:30
腹腔鏡手術の開始

手術用ロボットを遠隔で動かす操作台で、操作の練習をします。精度の高い動きをきわめます。

病棟を回り、担当する患者さんの状態を確認し、必要に応じて診察をしたり、処置をしたりします。

週2回、外科医全員と消化器内科医、腫瘍内科医も参加する全体会議で前週の術後報告や、次週予定の手術の確認などを行います。

助手や看護師、麻酔医など手術にかかわるメンバーに手術の内容や注意を伝え、おなかに手術用の機器を入れる穴を開ける準備をします。

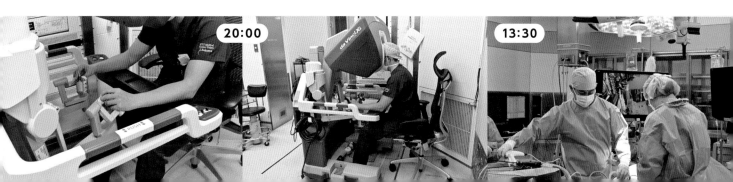

| 20:00 | | 13:30 |

INTERVIEW インタビュー

佐久間淳さんをもっと

医師になろうと思った
きっかけを教えてください

もともとは「アフリカで仕事をしたい」と思ったことがきっかけでした。小学5年生の時、わたしは祖父に連れられてインドに行きました。後で考えると、祖父はわたしに世界を見せたかったのだと思います。インドでは、亡くなった大勢の人がガンジス川の河原で火葬されているのを見ました。その時の印象は強烈で、ずっと記憶に残りました。やがて、貧困や病気で苦しむ人々がたくさんくらしているアフリカの国々で、人々の役に立ちたいと考えるようになりました。小学校の卒業文集にも「アフリカで人道支援の仕事をしたい」と書いていました。

医師という仕事を意識しはじめたのは高校生のころからだと思います。「アフリカで役に立つ仕事は何か」と考えた時に、わたしにとってはそれが医師でした。

医師になるためにどんなことを
やってきましたか?

勉強の面では、自分でゴールを設定して、それをめざして少しずつでもこつこつ続けることを習慣にしました。集中力を持続することが大事です。

また、外科医の仕事は特に体力が必要です。十分に寝られないことや、食事も取れないこともあるなかで、長時間立ち続けて手術をします。わたしは、中学校、高校、大学とバスケットボールを続けてきたおかげで、体力には自信があります。

また、友人をはじめ、多くの人たちとのかかわりが、医師としての幅を広げてくれていると思います。病院ではさまざまな人と一緒に仕事をし、いろいろな患者さんとその家族に接します。その人たちとよい人間関係を築いていくうえで、これまでの出あいによって得た経験が助けになっています。

医師の仕事でやりがいを感じるのは
どんな時ですか?

患者さんとその家族が笑顔で退院していくのを見送る時や、手術後の経過が良好で、元気な顔を見せてくれる時がうれしいし、やりがいを感じます。

また、まだまだ修練を重ねていかなければならない身なので、普段よりもむずかしい手術にたずさわる時には意欲がわいてきます。

仕事をするうえで、どのような
ことを心がけていますか?

つねに患者さんを中心に、患者さんの笑顔のために最善の策を考え続けること、思考を止めず、あきらめないことを心がけています。

たとえば、その患者さんのがんを治すには、ほかの病院で治療するのがベストだと考えたら、迷わずその

知りたい

病院を紹介します。うちの病院では治せないからと考えを止めてしまわず、最善の方法を考え続けることが大事だと思います。

> 印象に残っているできごとを
> 教えてください

「国境なき医師団」で派遣された避難民キャンプでの活動もそうですが、この病院においても、印象に残ることは毎日のように起こります。だから、どれか1つだけをとりあげることはむずかしいです。治療中の患者さんも完治した患者さんも、治せなかった患者さんも、どの患者さんのことも忘れられないし、すべてが記憶に残っているできごとです。

ユウからの質問

> **手術の時、糸でぬうには
> 手先が器用でないとだめ？**

　そんなことはないですよ。器用な人は上達するのが早いかもしれませんが、わたしのような不器用な人間でも、こつこつと10年も練習を続ければ、ほとんど差はなくなります。大切なのは器用さより、自分に足りないものは何かを見つけ、それをおぎなう努力を続けることだと思います。器用な人は現在の自分に満足してしまうことがあり、それだと結局上達できません。うさぎとかめの、かめの気持ちが大事ですよ。

わたしの仕事道具

手術用拡大鏡

手術の時にかける特殊なめがねで、血管をぬうなど、精密で的確な手術のために欠かせない道具です。2.5倍の拡大鏡で、乱視も矯正できます。電源につなぐとLEDライトが点灯して、アフリカで停電した時にも役に立ちました。

みなさんへの
メッセージ

医師は自分の知識や技術、経験が人のためになるとダイレクトに感じられる仕事です。いつか一緒に仕事ができたらうれしいですね。勉強も大事ですが、部活や友だちとすごす貴重な時間も楽しんでください。

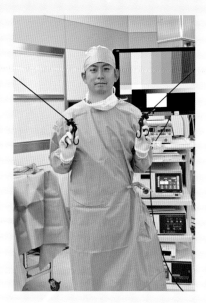

佐久間淳さんの今までとこれから

プロフィール

1980年、東京都生まれ。小学校卒業時の夢は、アフリカではたらくこと。琉球大学医学部に進学。在学中にインドやアフリカで人道支援活動をしました。2007年に医師免許を取得、2017年よりNTT東日本関東病院に勤務。2021年に「国境なき医師団」に参加しました。

1980年誕生

祖父に連れられて行ったインドで、貧困や病気に苦しむ人に触れて、小学校の卒業文集に「アフリカで人道支援の仕事をしたい」と書く。

11歳

英語を勉強するため高校を留年し、オーストラリアに1年間留学する。世界中から集まった留学生たちとの交流は今も続いている。

16歳

大学を2年間留年してリュック1つで世界一周の旅へ。アフリカで荷物を全部とられ、傷心で帰国。

21歳

大学時代を通じて、インドで路上生活者支援、ケニアでスラム地区支援、スリランカで地震被災地支援活動にたずさわる。

25歳

医師免許取得後、内科医として就職した病院を1年間休職して行ったアフリカで、尊敬できる外科医に出あい、外科医をめざす。

今につながる転機

27歳

外科医となり、海外での医療活動をめざして修練を積む。

32歳

「国境なき医師団」に参加し、南スーダンの避難民キャンプ支援にたずさわる。

41歳

NTT東日本関東病院で消化器外科医として活躍。専門分野をしぼらず、幅広く診療できる医師をめざし、勉強を続けている。

現在

42歳

未来

50歳

外科医として日本の患者さんに寄りそっていくだけでなく、「国境なき医師団」の活動も続けて、より多くの人を救いたい。

佐久間淳さんがくらしのなかで大切に思うこと

中学1年のころ
現在

人の役に立つ　　勉強・仕事　　遊び・趣味

健康　　　　　　　　　　　　自分みがき

お金　　　　　　　　　　　人との
　　　　　　家族　　　　　つながり

病院の仕事を終えたあと、社会人大学院で食道がんの研究をしています。

佐久間さんは、小学5年生の時に行ったインドで、英語の必要性も痛感したそうです。

時間が取れる時は子どもたちとすごす時間を大事にし、夏休みなどは家族で海や山に出かけます。

医学書だけでなく、いろいろな分野の本を読みます。本棚にもこだわっています。

佐久間淳さんが考えていること

3人の子どもたちにも、世界で役に立つ生き方をしてほしい

　世界には自然災害や紛争、貧困などにより、不幸な生活をしいられている人々がたくさんいます。また、アフリカの国々のように、医療資源が足りていない地域は、今も多くの人が亡くなってしまう状況にあります。わたしはそういった場所で、人々の役に立ちたいと思って活動してきました。

　その思いは、家族ができてからも変わらず、妻にはその思いを伝えていて、海外支援活動を理解してくれていることに感謝しています。3人の子どもたちには、父親としてうそのない生き方をして、「かっこいいお父さん」でありたいという思いをいだくようになりました。子どもたちには、折に触れてアフリカや国際協力の話をしています。子どもたちにも世界で役立つ生き方をしてほしいと思います。今はその土台づくりをしていると思っています。

NURSE

看護師

夜はいつ
眠っているの？

どんな勉強を
すればいいの？

病院以外にも
はたらける
ところはあるの？

免許があれば
ずっと
はたらける？

看護師ってどんなお仕事？

看護師は、内科や小児科などの診療科によって仕事の内容は異なりますが、医師の診療の補助や入院している患者さんの日常生活のサポートが主な仕事になります。医師の診療の補助では、診療がスムーズにいくよう、医師の指示にしたがって道具を準備したり、検査や点滴をしたりします。日常生活のサポートでは、体が不自由な入院患者さんの食事や入浴、着替えなどを手伝うほか、心のケアをしたり家族の相談にのったりすることも大切な役割です。最近では、医師や看護師、薬剤師やソーシャルワーカーなどが協力して、患者さんによりよい医療をとどける「チーム医療」が注目されています。看護師は患者さんに一番近い存在として、その中心的な役割を担います。

給与
（※目安）

25万円
くらい〜

勤務先や地域、夜勤の手当などによってちがいがあります。年齢が上がると平均月収は上がり、40歳を超えると月収が30万円以上になることもあります。

※既刊シリーズの取材・調査に基づく

（看護師になるために）

ステップ 1
大学や短大、看護学校で学ぶ

高校卒業後、看護学が学べる大学や短大、看護師養成所などで専門知識を身につける。

ステップ 2
病院や施設に就職の内定をもらう

新卒ではたらく場合は、在学中に希望する病院や施設の採用試験を受け、内定をもらう。

ステップ 3
看護師国家試験に合格し、就職する

看護師国家試験を受けて合格すると看護師免許が得られ、内定した場所で看護師に。

こんな人が向いている！

人とかかわるのが好き。
チームで協力するのが好き。
体力に自信がある。
向上心をもって勉強できる。
気持ちを察するのが得意。

もっと知りたい

看護師免許を取得し、さらに1年以上の専門課程を修了すると、保健師や助産師の国家試験を受けられます。また、保健師や助産師の受験資格も得られる大学も増えてきています。それぞれの資格は国家試験を受けて、免許を取得する必要があります。

看護師
仲本りささんの仕事

発展途上国の医療支援で、看護師としてカンボジアに短期ボランティアに行き、新生児の世話などをしました。

患者さんの日常生活を手伝い
医師の診療をサポートする

仲本さんは大阪の総合病院で消化器外科の看護師としてはたらいています。消化器外科は一般には「外科」とよばれることが多く、食道や胃、腸、肝臓、肛門など、人が食べものを消化する器官に関する病気をあつかっています。

仲本さんの仕事は大きく分けて、入院患者さんに対する医師の診療の補助と、日常生活のサポートです。1日に受けもつ患者さんはおよそ7人で日によって担当が変わります。交代によるトラブルをふせぐため、交代の時に患者さんの情報を共有する「申し送り」を行います。医師の診療の時には必ず立ち会い、医師の指示するタイミングに合わせて必要な器具を準備したり、点滴や注射をしたりするなど、処置がスムーズに

行われるように補助します。診療が終わったあとに体調が急変する患者さんもいるので、前後には患者さんの様子をこまめに見ます。

日常生活のサポートでは、高齢者や体が不自由な人のお風呂や着替え、排せつ、食事などの手伝いをします。また、勤務時間のなかで、最低2回は患者さんのところを回り、体温や血圧、血糖値などの測定をしたり、手術を終えた人にはその回復具合を確認したりもします。こうした体のケアだけでなく、心のケアも大事な仕事です。仲本さんは患者さんとのコミュニケーションを大切にし、できるだけ足を運んで、患者さんとの時間をすごすようにしています。その人がどんな人で、どんな思いをかかえているか知ることは、看護や治療のやり方を決めるうえでも必要です。

こうした業務のほかに、毎日看護師全員が集まって、それぞれの患者さんの状態を報告し合うチームミーティングを行っています。特に状態が悪い患者さんに対しては、全員で共有し見守ります。また、毎回1人の患者さんをテーマに、みんなで意見を出し合うカンファレンス（会議）も開いています。たとえば、まだ病気が完治していない患者さんが退院して自宅にもどることを希望している場合、「退院支援」をテーマにして、どんな準備が必要かなどを話し合います。

患者さんにとってよりよい医療をとどけるためには、

患者さんと接する仕事のほか、病棟に必要な備品のチェックなども大事な仕事です。

イラストは仕事のあとや休みの日に、タブレットを使ってかいています。

このように看護師全員がチームとなって力を合わせることがとても重要です。仲本さんは先輩や後輩に関係なく、おたがいなんでも相談し合えるような関係をつくることを大切にしています。

看護師としての日常をつづる
イラストレーターとしても活躍

仲本さんは、イラストレーターとしても活躍しています。きっかけは、看護師になって間もないころに起きた印象的なできごとや、自分でうまく消化しきれないモヤモヤとした感情を絵日記に残すようになったことです。それをSNSに投稿したところ、看護師だけでなく多くの人から支持を集め、フォロワーも増えました。『現役看護師イラストエッセイ 病院というヘンテコな場所が教えてくれたコト。』という本も出版し、仲本さんが受けもった患者さんがはじめて亡くなった時のことや、看護師を続ける自信がなくなってしまった時の気持ちなどをえがいています。

仲本さんは、かくことで自分の気持ちが整理され、前に進む気持ちになります。自分のためだけでなく、同じような思いをかかえる看護師やはたらく人々が、作品を見て共感しいやされていると感じ、そうした人たちに向けて応援の気持ちもこめてかいています。

7:10

8:15

仲本りさ
さんの
1日

消化器外科ではたらく仲本さんの日勤の場合のスケジュールを、仲本さんのイラストで紹介します。

＊日勤の場合は午前8時半から午後5時15分、夜勤の場合は午後4時から翌朝午前9時の勤務です。

いつも電車で通勤しています。出勤したら、まずは更衣室でナース服に着替えます。

電子カルテでその日担当する患者さんの情報収集を行い、夜勤の担当者から引きつぎを受けます。

7:10
起床・朝食

8:15
出勤・着替え

8:30
情報収集・申し送り

22:00
就寝

20:00
イラスト制作

18:15
帰宅・夕食・入浴

仕事のイラストをかいたり、日常生活のなかで心に残ったことを絵や文章にしたりします。

20:00

18:15

8:30	9:00	10:00

自分で体を動かしにくい患者さんの着替えを手伝ったり、入浴の手伝いをしたりします。

検温では、患者さんの体温や血圧の測定のほか、必要に応じて血糖値や、手術後の回復具合なども確認します。

看護師が全員集まって、その日の患者さんの様子をそれぞれ報告します。

患者さんの食事や歯みがきの介助をします。

9:00
着替え・入浴の手伝い

10:00
検温

10:30
チームミーティング

11:30
昼食・休憩

12:30
食事などの補助

17:15
退勤

16:15
記録・申し送り

15:00
カンファレンス

14:00
診療の補助

13:30
点滴の準備

その日の記録をつけ、夜勤の担当者に申し送りをします。

看護師が全員集まり、テーマを決めて、1人の患者さんについて話し合います。

患者さんの診療に立ち会い、道具の準備など医師の処置をサポートします。

医師の指示で点滴の準備をします。まちがえないよう、薬は必ず看護師2人で確認します。

15:00

14:00

13:30

INTERVIEW （インタビュー）

仲本りささんをもっと

看護師になろうと思ったのはどうしてですか？

もともと人とかかわることが好きで、高校の時に今後の進路を決めるにあたって、人とかかわる機会の多い教育系か医療系かで迷いました。教育系にくらべて、医療の分野は学校では習ったことがなく、せっかくなら知らないことが多いほうに行ってみたいと思いました。医療のなかでも医師や理学療法士などさまざまな選択肢で迷いましたが、より人と深くかかわることができそうな看護師の道を選びました。

どんな時にこの仕事のやりがいを感じますか？

患者さんに「ありがとう」と言われた時に、やりがいを感じます。何より一番うれしいのは、やはり患者さんが元気になって退院する時です。「入院中はお世話になりました。担当してもらえてよかったです」とか、「声をかけてもらえてよかったよ、ありがとう」など、喜んでもらえた時は素直にうれしいです。

看護師になるまでに大変だったのはどんなことですか？

大学生の時、病院で知識や技術を学ぶ実習が大変でした。多くの学部では、大学で学びながら今後の進路をどうしようかなやんで、自分の道を見つけていくのがふつうですが、看護学部では最初から「看護師とはどういう仕事か」を実践的に学びます。実習は朝早くから夕方まで病院で学び、先生からきびしくしかられることもありました。また、その日のレポートをＡ４の用紙３枚にまとめる作業も時間がかかります。とても大変ではありましたが、人々の生活に寄りそう看護の仕事におもしろさを感じ、早く看護師としてはたらきたいなと思うようになりました。

印象に残っているできごとを教えてください

はじめて担当した患者さんが亡くなる「看取り」を経験したことです。末期がんで入院している60代の女性の方でした。口数が少ない方だったので、思っていることを話してもらえるよう、よく声をかけていました。ある時、病棟内を一緒に散歩していると、「お父さん、大丈夫かな」と口にされたのです。自分が亡くなるこわさよりも、残される家族が心配だという気持ちを話してくれて、その気持ちに共感しました。亡くなることは絶望だけではなく、人生最期の時間だからこそ、大切にすごしたいという気持ちをもつことが大事だと感じた経験でした。看取りは何度経験しても悲しく、慣れるものではありません。でも、できるだけ「いい人生だったな」と思ってもらえるよう、患者さんの思いを一緒に感じて、人生を祝福できたらい

知りたい

いなと思っています。

> 仕事をするうえで、どのような
> ことを心がけていますか？

　できるだけ笑顔でいることです。わたしは患者さんにも同僚にも気軽に声をかけられる存在でいたいと思っています。そのため、普段は笑顔を心がけつつ、何かつらいことがあった時は、がまんせずに「しんどかった～！」とその場ではき出し、弱みを見せるようにしています。先輩がこわい雰囲気でいると、後輩が相談できないまま患者さんへの対応をあやまってしまうかもしれません。そうならないためにも、何でも話せる人間関係を築いておきたいです。

ユウからの質問

> **血が苦手でも
> 看護師になれる？**

　血を見ることが少ない診療科もありますし、訓練で多少は克服できると思います。じつは、わたしも血が苦手で、昔からけがの傷口はこわくて見られませんでした。でも、今所属している消化器外科は手術の傷は小さく、血を見ることがほとんどありません。もし血を見ることがあっても、「どこから出血しているのか」「血圧はいくつか」など、観察ポイントがわかるようになり、冷静に対処できるようになりましたよ。

わたしの仕事道具

ナースポーチ

仕事中によく使う道具一式を入れて、つねにもち歩いています。ペンや体温計、つめ切りのほか、処置に必要なハサミやテープ、アルコール綿などがつまっています。ひんぱんに手を洗うので、濡れないよう腕時計もポーチにぶら下げています。

みなさんへの
メッセージ

看護師は病院に限らず、クリニックや保育園、企業などはたらく場所がさまざまで、ライフプランに合わせて選べるのが魅力です。こうあるべき、ということはないので、ぜひ自分らしくはたらいてください。

プロフィール

1991年、大阪府生まれ。神戸大学医学部保健学科看護学専攻を卒業。現在は大阪の総合病院の消化器外科で勤務しています。また看護師としてはたらきながら、イラストレーターとしても活躍中。本を2冊出版したほか、ウェブでのコラム連載や講演会なども行っています。2021年には第1子を出産。

仲本りささんの今までとこれから

1991年誕生

4歳

外遊びが大好きな女の子で、将来の夢は「美少女戦士セーラームーン」になることだった。

14歳

中学・高校時代はバスケットボール部に所属。高校ではキャプテンをつとめ、チームワークの大切さを学んだ。

今につながる

転機

17歳

人にかかわる仕事につきたいと思い、今までに習ったことのない医療の分野に興味をもち、看護学部への進学を決める。

総合病院で看護師として勤務スタート。24歳から、病院でのできごとなどを絵日記にするようになる。

23歳

27歳

イラストエッセイを出版する。休みを利用して、以前から興味をもっていた発展途上国の医療ボランティアに参加する。

2冊目のイラストエッセイを出版。翌年に第1子を出産。産休・育休に入る。

29歳

現在

31歳

育児と看護師・イラストレーターの仕事を両立できるよう、奮闘中。

未来

50歳

看護師、イラストレーターの仕事をできるだけ続け、この仕事を通して、さまざまな人が「自分らしくい続けられる社会」をつくっていきたい。

仲本りささんがくらしのなかで大切に思うこと

中学1年のころ ▨
現在 ▨

イラストをかく時間は前向きな気持ちになれる、いやしの時間です。

バスケ部で学んだチームワークは、看護師になってからも活かされているそうです。

勉強・仕事
遊び・趣味
自分みがき
人とのつながり
家族
お金
健康
人の役に立つ

家族で楽しい時間をすごせるよう、仲よく笑顔でいることを心がけています。

学生時代をともにすごした友だちとの時間は、今でも大事にしています。

仲本りささんが考えていること

がんばりすぎず「無理をせずに続ける」こと

　看護師には「人のためになりたい」という気持ちが強く、がんばり屋さんが多いと思います。実際、日々の仕事はとてもいそがしく、大変なことも多いです。でも、がんばりすぎてしんどくなってしまい、続けられなくなっては本末転倒です。

　わたしは、看護師はとてもいい仕事だからこそ、なるべく長く続けたいし、仲間にも続けてほしいと思っています。そのためにも、無理をしないことが大切だと感じています。自分にも他人にも多くをもとめすぎずに、がんばりすぎないようにすることで、患者さんの気持ちに寄りそうことができるなど、よいことも増えるのではないかと思います。「無理をせずに続ける」ということは、仕事に限らず、子育てや夫婦の間でも大事だなと最近思うようになりました。

PHARMACIST

薬剤師

薬剤師って
何をするの？

どんな資格が
必要なの？

薬のことは
何でも
知っているの？

病気のことを
相談しても
いいの？

薬剤師ってどんなお仕事？

薬剤師は、医薬品について幅広い知識をもつ薬の専門家です。病院や薬局で、医師が発行する薬の内容や分量、使用法などが書かれた処方せんにしたがって薬をそろえます（調剤）。また、患者さんに薬の効果や副作用、飲む時間や回数などの情報の説明（服薬指導）も行います。この2つの仕事をこなすためには薬に関する深い知識と、高いコミュニケーション能力が必要です。また、勤務先によって仕事内容は多岐にわたります。ドラッグストアでは処方せんの必要がない一般医薬品の販売や接客、製薬会社では新薬の研究開発や製造、品質管理、学校では校内の衛生管理や保健指導などを行います。薬剤師としてはたらくためには、国家試験に合格して資格を取得することが必要です。

給与
（※目安）

25 万円
くらい〜

勤務先で異なり、ドラッグストアが高めで、都市より地方のほうが人手不足のため高い傾向です。独立開業して薬局を経営すれば高い報酬を得られる可能性も。

※既刊シリーズの取材・調査に基づく

（ 薬剤師になるために ）

ステップ 1

大学の薬学部で6年間学ぶ

大学の薬学部か薬科大学で、有機化学、生化学、薬剤学などを勉強し、国家試験を受験。

ステップ 2

国家試験に合格して薬剤師免許を取得

薬剤師国家試験に合格すると厚生労働省から認定され、正式に薬剤師として登録される。

ステップ 3

薬剤師として就職

病院や調剤薬局、ドラッグストア、製薬会社のほか、保健所や警察などにつとめる人も。

こんな人が向いている！

理科が好き。

計算に強い。

責任感がある。

整理整頓ができる。

人とかかわるのが好き。

もっと知りたい

薬剤師として勤務するには薬剤師免許の取得が必須です。大学の薬学部には4年制もありますが、国家試験を受けるには6年制に入り直して学ばなければなりません。薬剤師になること自体には年齢制限はないので、何歳からでもめざせる職業です。

薬剤師 竹中孝行さんの仕事

医師が発行した処方せんの内容が適正かどうか確認したあと、薬品棚から慎重に薬を選んでケースに入れます。

医師の処方せんをチェックし 安全に正しく薬を飲んでもらう

　竹中孝行さんは、神奈川県横須賀市にある調剤薬局のほか、東京都に3軒の薬局を経営する薬剤師です。主に横須賀の店舗で、薬剤師として薬の調剤や患者さんへの薬の説明などをしています。

　竹中さんは、患者さんから処方せんを受け取るとまず、記載された内容をチェックします。処方された薬の種類や分量が、患者さんの年齢や持病、アレルギーの有無、ほかに服用している薬との飲み合わせなどに対して問題がないか確認します。たとえば、腎臓に病気のある人に、腎臓に負担がかかるような薬が処方されていないか、幼児への薬の量が年齢とくらべて多すぎてはいないかなどを調べ、必要があれば分量の計算もします。もし処方せんの内容にあやまりがあったり、変更したほうがよいと判断したりした場合は、処方せんを発行した医師に報告します。人の生命や健康にかかわる薬をあつかう以上、まちがえてわたすことはできません。医師にミスがあった場合は、医薬品についての幅広い知識をもつ薬剤師がカバーをする、ダブルチェック体制になっています。竹中さんは、薬の専門

家として、その責任を強く感じています。

　患者さんに薬をわたす時は、一方的に薬の説明をするのではなく、体調を聞いたり、困っていることはないかをたずねるなど、患者さんが話しやすい雰囲気づくりを心がけています。また、糖尿病などの生活習慣病の患者さんには食生活のアドバイスをするなど、患者さんの健康をいつも気づかっています。

　竹中さんは、けがや病気で入院し退院後に自宅で療養する患者さんの家への訪問にも力を入れています。竹中さんは、患者さんの薬の管理や指導を担っていて、定期的に訪問して患者さんに副作用が出ていないか、飲み残しの薬はないかなどを確認します。薬が飲みにくくてきちんと飲めていなければ、医師に薬の種類や飲む回数を変えるなどの提案をします。特に飲み忘れをしやすい高齢者には、壁かけのカレンダーにその日飲む薬を入れるポケットがついたお薬カレンダーや、ケースなどをわたし、飲むタイミングを正しく守ることができるように工夫しています。

　定期的な訪問だけではなく、急に具合が悪くなった患者さんから緊急によびだされることもあります。竹中さんは日ごろから訪問時には患者さんの様子をよく観察し、その内容を記録して担当医師に報告することで、緊急時にそなえています。高齢化が進むなか、在宅での薬剤管理の重要性は高まっています。竹中さ

患者さんに薬の作用や効果、副作用、服用方法などを説明します。
薬の相談にのったり、アドバイスをすることもあります。

薬剤師や薬局の仕事を一般の人に広める活動を通して、
なんでも相談できる薬剤師、薬局をめざしています。

んも、医師や看護師、ヘルパーやケアマネジャーなどとともに、在宅医療チームの一員として、自宅で医療を受ける高齢者を支えています。

薬局のさまざまな取り組みや薬剤師の仕事を広く紹介

　竹中さんは、薬剤師の仕事や薬局のさまざまな取り組みを、一般の人たちにもよく知ってもらいたいと、多くのイベントを企画し、開催しています。

　その1つが「みんなで選ぶ薬局アワード」です。全国の薬局から創意工夫にすぐれた取り組みを募集し、審査と選考を経て選出された薬局の代表者が、会場でその取り組みを発表します。審査員と来場した一般の人たちの投票により、最優秀賞が決定、表彰されます。取り組みには、病気の幼児をあずかる保育室を併設している薬局や、キッチンカーで町中を移動してカフェで健康相談を行う薬局などがあり、そうした取り組みを広めています。

　竹中さんはさらに、将来薬剤師をめざす薬学部の学生に向けて、講師を招いてセミナーや勉強会を開催したり、薬剤師のはたらき方をユーチューブで配信したりするなど、薬剤師の仕事の役割や魅力を伝える活動も精力的に行っています。

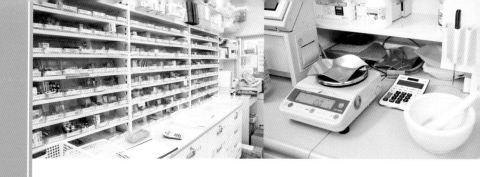

竹中孝行さんの1日

薬剤師の仕事のほか、薬局経営、介護事業など幅広く活動する竹中さんの1日を見てみましょう。

朝起きたら、着替えてすぐランニングをします。毎日30分ほど走っています。

開店前の準備はスタッフが行っています。開店するころに出勤し、メールのチェックをします。

6:00 起床・ランニング

7:00 朝食・家を出る

9:00 出勤・薬局開店

23:00 入浴・就寝

22:00 帰宅・打ち合わせ

19:30 退勤・夕食

帰宅後、薬剤師向けの研修会の内容についてオンラインで打ち合わせします。

22:00

10:00 **10:30**

調剤の予約や、薬の在庫状況などを中心に、スタッフと業務の確認を行います。

計算などをして処方せんの内容が正しいか確認したり、棚の薬を用意したり、ぬり薬や粉薬を調合したりします。患者さんには、薬の副作用や飲み方の注意など、ていねいに説明します。

介護事業も運営しています。介護スタッフとオンラインで、業務の進捗などの打ち合わせをします。

10:00	10:30	12:00	13:00
スタッフミーティング	調剤・患者さん対応	昼食	打ち合わせ

18:00	17:00	16:00	14:00
薬局閉店・原稿執筆	在庫確認	報告書の作成	患者さんを訪問

閉店後、医療雑誌のコラム記事の原稿を書きます。

薬の流通が不安定で、薬不足が続いているため、在庫が少ない薬は早めに注文をするようにしています。

在宅医療の患者さんの様子や薬の服用の状態などをレポートにまとめ、医師やケアマネジャーに提出します。

自宅で療養中の患者さんや、薬局に来られない高齢者のお宅に薬をとどけます。薬の管理もします。

17:00 **16:00** **14:00**

INTERVIEW （インタビュー）

竹中孝行さんをもっと

薬剤師になろうと思った
きっかけを教えてください

　医療従事者になろうと思ったのは、小学校2年生の時に、父ががんで入院して、その後亡くなったことがきっかけです。とてもショックなできごとでしたが、父の見舞いで病院をひんぱんに訪れるうちに、医療従事者にあこがれをもつようになりました。そして、父の死をきっかけに、将来は人を救えるような仕事をしたいと思うようになりました。

　大学受験の時には医学部をめざしたのですが、高校時代はバスケットボールをはじめスポーツに夢中で、あまり勉強していなかったこともあり、結局受験に失敗してしまいました。浪人生活を送るなかで、あらためて将来を考えた時に、医師になることだけが人を救う道ではないのだということに気づいたのです。そこで選んだのが薬剤師でした。薬剤師の仕事は調剤だけではありません。薬剤師は人々の健康を支えるために幅広く活躍できる仕事だと考えました。

なぜ会社の経営者に
なろうと思ったのですか？

　大学の時に参加した就職活動のイベントで、いろいろな経営者の方の話を聞いて、自分も将来は経営者になりたいと思いました。薬剤師になることとともに、「人に輝きを与える。人が輝ける場をつくる」という

夢をもち、今もずっと自分の生き方のぶれない軸となっています。そこから将来の目標に向かってスケジュールを定め、卒業後は外資系の製薬会社で組織経営を学ぶなど、行動し続けてきました。そこで出あった人たちから、さまざまなご縁をいただいたことも目標を実現するための力となりました。

仕事をしていてやりがいや楽しさを
感じるのはどんな時ですか？

　患者さんから病気や薬に関して相談される時には、専門家として頼りにされていると思えて、とてもやりがいを感じます。症状が改善されていく様子を見るのも、もちろんうれしいことですが、患者さんの気持ちに寄りそいお話をしていくうちに、元気になり笑顔になってもらえた時には、薬剤師の仕事をしていてよかったなと心から思います。

この仕事で苦労すること、
大変なことはなんですか？

　薬の数ってどれくらいあると思いますか？　じつは2万種類以上もあるのです。さらに、日々新しい薬も開発され、販売されるので、たくさんの薬に関する知識がもとめられます。薬だけではなく、病気についても勉強し続ける必要があるので、そこが苦労するところです。また、医師や看護師など、いろいろな方とか

知りたい

かわりながら仕事をするので、いそがしくてもつねにコミュニケーションを欠かさないようにしています。

> 仕事中に印象に残っているできごとを教えてください

薬局にいらした患者さんの1人が、飲んでいる薬に不安を感じているということで、時間をかけてお話を聞き、薬剤師としてできる限りの対応をしました。それに対して、「親身に相談にのってくれてありがとう」と喜んでいただきました。その方は趣味で短歌をつくっていて、後日、薬局をテーマにその時の感謝の気持ちを短歌によんで、わざわざ薬局までもってきてくれました。とてもうれしく印象深いできごとです。

ユウからの質問

> 薬の量をまちがえることはないのですか？

薬剤師は、医師の処方せん通りに、そのまま薬を患者さんにわたしていると思っている人も多いと思いますが、そうではありません。薬剤師は薬に関して一番詳しいので、医師が発行した処方せんの内容をしっかりチェックし、分量の計算もし直しています。薬の種類や量をまちがえると、生命にかかわることもあるので、絶対にまちがえてはいけません。まちがえないための最後のとりでが薬剤師なのです。

わたしの仕事道具

計算機

薬は、年齢や体重、体の状態などによって量が決まっています。必要以上に飲むと副作用が出たり、逆に量が少なすぎると効果が出ないこともあります。処方せんの薬の量が適切か、計算して確認してから薬を出しています。

みなさんへのメッセージ

薬剤師は、病気のことをよく知っている薬の専門家で、地域のみなさんの健康を支えるすてきな仕事です。薬のことはもちろん、体のことで気になることがあれば、気軽に薬剤師に相談してみてください。

竹中孝行さんの今までとこれから

プロフィール

1984年、静岡県生まれ。大学浪人中に薬剤師になることを決意し、共立薬科大学（現在の慶應義塾大学）に進学。卒業後は外資系製薬会社勤務を経て調剤薬局で2年間勤務し、2012年に薬局を開業、株式会社バンブーを設立。経営者として事業を展開するほか、薬剤師や薬学生向けのイベントを開催する活動も手がけています。

1984年誕生

8歳
父ががんで他界。人を救うことのできる医療従事者になりたいと思うようになる。

13歳
中学校から高校まで、部活動のバスケットボールに明けくれる日々をすごす。

18歳
大学の医学部をめざして受験したが失敗。浪人生活を送る。

今につながる転機

19歳
浪人中に、人を救う仕事は医師ばかりではないと気づき、薬剤師になることを決意。薬科大学に入学する。

23歳
薬剤師国家試験に合格して薬剤師になり、大学在籍中から考えていた起業のため、組織経営を学ぼうと外資系製薬会社に就職する。

28歳
製薬会社を退職後、調剤薬局勤務を経て独立。薬局を開業し、株式会社バンブーを設立する。

現在

38歳
薬剤師や経営者として精力的に活動している。32歳の時に設立した一般社団法人薬局支援協会で企画した「みんなで選ぶ薬局アワード」のイベントも毎年開催している。

未来
50歳
人々が明るく健康にすごせるようにサポートする事業体制を整え、一流の経営者と胸を張って言えるようになっていたい。

竹中孝行さんがくらしのなかで大切に思うこと

たけなかたかゆき

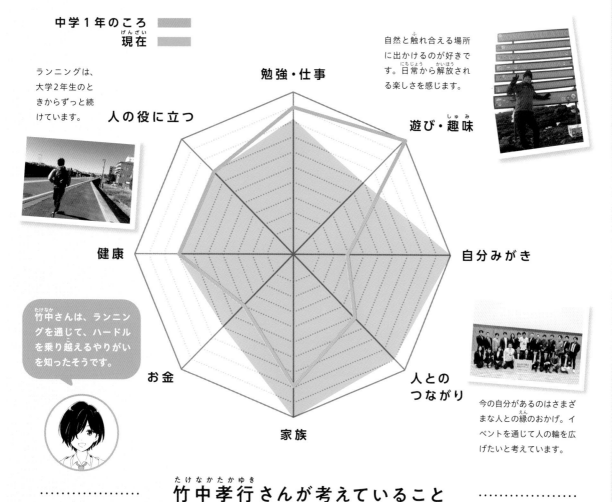

中学1年のころ
現在（げんざい）

ランニングは、大学2年生のときからずっと続けています。

人の役に立つ

勉強・仕事

自然と触れ合える場所に出かけるのが好きです。日常（にちじょう）から解放（かいほう）される楽しさを感じます。

遊び・趣味（しゅみ）

健康

自分みがき

竹中（たけなか）さんは、ランニングを通じて、ハードルを乗り越えるやりがいを知ったそうです。

お金

人とのつながり

今の自分があるのはさまざまな人との縁（えん）のおかげ。イベントを通じて人の輪を広げたいと考えています。

家族

竹中孝行さんが考えていること
たけなかたかゆき

目標を達成すると自信になる。
この先も挑戦（ちょうせん）を続けたい

大学時代、高校まで夢中（むちゅう）でやっていたバスケットボールをやめて、運動不足解消（かいしょう）とダイエットを考えてはじめたのがランニングです。毎日続けているうちに走ることが好きになり、フルマラソンの大会で走ったり、100キロメートルマラソンやトライアスロンの大会にも出場するまでになりました。それは

とてもつらく過酷（かこく）なレースなのですが、目標を達成するたびに自信となり、さまざまなことに挑戦（ちょうせん）することが楽しくなりました。

自分にはできないんじゃないか、と思えることにこそやりがいを感じ、そこに向かって努力をすることにワクワクします。山は高いほど登りがいがあります。年齢（ねんれい）を重ね、おじいさんになっても、その気持ちをもち続け、薬剤師（やくざいし）、そして経営者（けいえいしゃ）としても、挑戦（ちょうせん）し続けていきたいと思います。

RADIOLOGIC TECHNOLOGIST

診療放射線技師

診療放射線技師
って何をするの？

放射線って
危険じゃ
ないの？

どんな資格が
必要なの？

機械に強く
ないと
なれないの？

診療放射線技師ってどんなお仕事？

　診療放射線技師は、医師の指示のもとで放射線を使って、体内の病気や状態を見るための検査やがんの治療を行います。検査には、内臓や骨など体の内部を撮影するX線検査や、体の断面など立体的に撮影するCT検査などがあり、撮影した画像は見やすいように加工します。危険がないように放射線の管理も行います。磁気と電波を使って体内を撮るMRI検査や超音波を使った検査なども行います。幅広い知識や技術が必要で、スムーズな検査や治療をするために患者さんとのコミュニケーション力ももとめられます。撮影した画像をもとに医師が診断して治療の方針を決めるため責任が大きく、「病気の第一発見者」ともいわれています。女性技師の需要も増えています。

給与
（※目安）

25万円
くらい〜

　学歴やはたらく病院の大きさなどによって変わります。基本給のほか、残業代や放射線作業（危険）手当など、さまざまな手当がつくこともあります。

※既刊シリーズの取材・調査に基づく

診療放射線技師になるために

ステップ 1
大学や専門学校で基礎を学ぶ
診療放射線技師の養成課程がある4年制大学か専門学校で、知識と技能を習得。

ステップ 2
国家試験に合格して免許を取得
診療放射線技師国家試験に合格すると、厚生労働省から認定されて、免許が得られます。

ステップ 3
就職先を見つけて診療放射線技師に
総合病院や個人診療所、健診センター、検査機関など医療施設ではたらく人が多いです。

こんな人が向いている！

こつこつ学ぶことが好き。

観察力がある。

パソコンや機械が好き。

慎重さや注意力がある。

人に配慮した行動ができる。

もっと知りたい

　医療機器メーカーなど企業からの需要も増えていて、放射線技術学科の先生になる人もいます。管理、監督を行うために放射線使用施設に置くことが義務づけられている「第1種放射線取扱主任者」の国家資格をもっていると有利です。

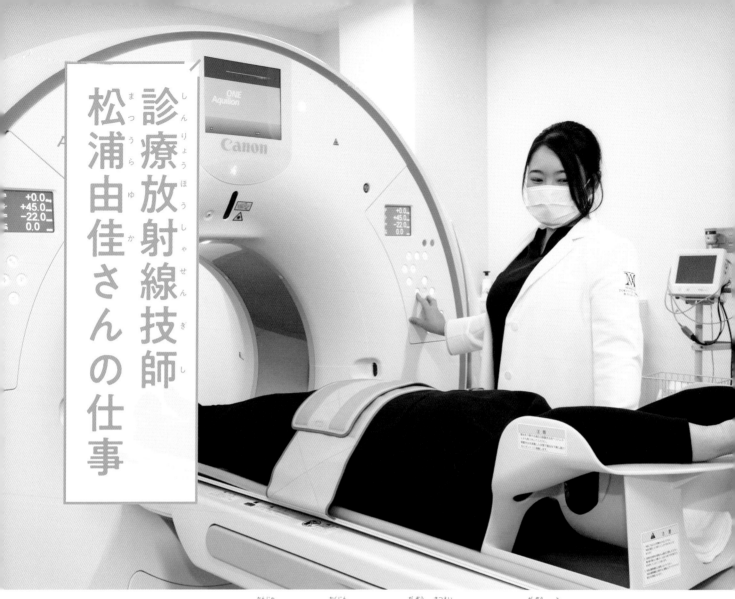

診療放射線技師
松浦由佳さんの仕事

患者さんの様子を確認しながら、CT画像を撮影します。見やすい画像を撮れるよう気を配っています。

患者さんを気づかいながら
病気をいち早く発見する

　松浦さんは、クリニックで診療放射線技師としてはたらきながら、「医療レギュラトリーサイエンス」という、日本でまだあまり知られていない分野の研究にたずさわっています。診療放射線技師は、専門分野をきわめる職人タイプが多く、新しい分野に挑戦する松浦さんは、業界ではめずらしいタイプといえます。

　松浦さんは、医師の指示でCT検査など、体内を撮影する検査をします。放射線を使った検査の場合、放射線の量が多いほうがよく見える画像が撮れますが、それでは患者さんの体への負担が大きくなってしまいます。いかに少ない量の放射線で意味のある画像を撮れるかが、松浦さんの腕の見せどころです。「ボタンを押すだけ」といわれがちな診療放射線技師ですが、実際はとても専門性の高い仕事なのです。

　松浦さんは、医師からの指示を確認し、患者さんの症状や体格、検査の目的などから、どう撮ればわかりやすい画像になるか考えます。そして、患者さんの体勢を整えて装置を調節し、適切なタイミングで撮影をします。撮った画像はそのままではなく、医師が見

やすいように画像処理をしてからわたします。

医師は画像を見て病気を診断し、治療方法を決めていくので、自分がいい画像を撮ってわたせなければ病気を見のがす可能性があり、とても責任が大きい仕事です。検査のプロとして、医師からの指示に不備があった時や、追加の検査が必要だと思った時は、きちんと判断して医師に確認したり提案したりもします。

また、検査でいやな思いをした患者さんが病院に来なくなれば、病気を発見する機会をのがす可能性もあるため、患者さんへの態度や検査をていねいに行うように気を配っています。松浦さんは、放射線を使ったがん治療も行いますが、治療を受ける患者さんも不安をかかえて弱っているので、相談相手になるなど、できるだけ寄りそうようにしています。患者さんの不安を受け止め、安心して検査や治療に臨んでもらうためのコミュニケーションや気配りは、1回だけの検査であっても、長く付き合うがん治療であっても、とても大切だと考えています。

医療現場で目立つことが少ない「裏方の声」を伝えたい

「医療レギュラトリーサイエンス」とは、よりよい医療を実現するために、医療関係者や医療機器メー

高校生に医療について講演するなど、医療専門家の言葉を、一般の人にわかりやすく伝える活動にも力を入れています。

カーなど、さまざまな立場の人の意見を反映し、調整して決定する科学のことです。たとえば、新しい医療機器や医薬品を開発する時、メーカーは早く完成して売りたい、行政や医療関係者は安全で効果のあるものにしたい、患者さん側は安全に安く使いたい、などの要望があります。それぞれの立場の意見を聞き、よりよい開発方法を考えるのが、医療レギュラトリーサイエンスの研究です。将来的に法律として立案するなど、新しく何かを決めようとする時に、さまざまな立場の人の声をすくい上げ、その声を反映してもらうことも目標に活動しています。

松浦さんは診療放射線技師として得た知識や現場の声を、医療レギュラトリーサイエンスでほかの業界の人たちに伝えています。医療現場では医師が目立つことが多いので、裏方として支える技師たちの声を伝える意義は大きいと考えています。

研究の世界では、自分とはちがう立場の人と出あい、さまざまな考え方を知ることができます。医療業界以外にも人脈が広がり、診療放射線技師からはもちろん、研究者や企業ではたらく人、行政の現場の人からも、「こまった時は松浦さん」という風に意見をもとめられ、相談にのることが増えました。このように広い世界に出て挑戦し、その成果を業界にもち帰るのが自分の役割だと、松浦さんは考えています。

MRI検査で撮った画像をモニターで見て、ほかの技師にも意見を聞きながら、必要な部分が見やすい画像にします。

松浦由佳さんの
1日

診療放射線技師として検査をし、研究者としても活動する松浦さんの1日を見てみましょう。

8:30

検査のための機器をすべて立ち上げてテスト撮影を行い、問題がないかをチェックします。

6:30	7:30	8:30
起床・朝食	クリニック出勤	準備

25:00	23:00
就寝	帰宅・仕事

ベッドに入るとすぐ夢のなか。ぐっすり眠って、つかれをとります。

メールの返信や資料づくりなど、残った仕事を片づけます。

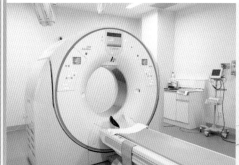

9:00

X線検査や超音波検査など、午前中に15〜25件の検査をします。コイルという電波を受信する輪を使ったMRI検査も行います。

撮影した画像をもとに、診断用のデータをつくります。迷った時は1人で判断せず、ほかの技師たちに意見をもとめます。

この日は午前中勤務なので、午後の担当技師に仕事を引きつぎます。

クリニックを退出し、電車で移動しながら、メールチェックや学会や講義の資料づくりなどをします。

9:00	**11:30**	**12:00**	**12:30**
検査開始	画像処理	引きつぎ	昼食・移動

21:00	**19:00**	**18:00**	**14:30**
夕食・移動	大学院で打ち合わせ	移動	大学で講義

大学での打ち合わせが終わったら、夕食をとって帰ります。

週に1回、大学院で、医療レギュラトリーサイエンスの研究者たちと、研究内容や後輩の指導について話し合います。

大学で、診療放射線技師をめざす学生に講義をします。基礎科目も専門科目も教えます。

23:00

12:30

11:30

INTERVIEW （インタビュー）

松浦由佳さんをもっと

診療放射線技師になったのは どうしてですか？

小学校低学年の時に、自閉症（自閉スペクトラム症）のいとこが話すことを理解できませんでした。どうやったらうまく会話できるかを考え、日本語を話す以外のコミュニケーションとして、手話や点字に興味をもちました。さらには福祉や医療、外国語（英語）に興味が広がり、医学を志すようになっていました。そしてアメリカの医療ドラマを見て、「日本の医学部ではなくアメリカのメディカルスクールに行きたい」と思うようになりました。とはいえ、いきなり英語で医学を学ぶのはむずかしいので、まずは日本の大学の医学部に入るために勉強していて、高校3年生の時に、物理の授業で放射線について学びました。目に見えないミクロの世界で、規則的に物質が変わっていくところがおもしろく、放射線についてもっと学びたいと思いました。そして、めざしていた医学とも重なる「放射線学科」があることを知り、その道をめざしました。

医療レギュラトリーサイエンスの 研究をはじめたのはなぜですか？

アメリカでの経験が大きいです。大学の放射線学科を卒業後、病院ではたらいて4年目にアメリカ研修に行くチャンスにめぐまれました。さらに「もっとアメリカで学びたい」と強く思い、短期留学を経て、ス

タンフォード大学で2年間はたらきました。ここでアメリカと日本の医療のちがいや、日本の技師のすばらしさに気がつき、帰国後はこの経験を活かせる分野をさがしました。専門分野と社会をつなぎ、未来の医療をよりよいものにする医療レギュラトリーサイエンスは、わたしがめざす方向性にぴったりでした。

診療放射線技師の仕事のやりがいは どんなところにありますか？

検査の画像を最初に見るのは、わたしたち診療放射線技師です。異常があればまず技師が気づいて、写真がわかりづらければ追加で撮影したり、データを見やすく調整したりして、医師が正しく診断できるようにします。技術を日々みがき、病気発見の役に立てることが、大きなやりがいですね。また、がんの放射線治療では、同じ患者さんと長くお付き合いをします。心も体も弱っている患者さんのなやみを聞き、じっくりと向き合うのも大切な仕事です。このように、病気の発見から治療、回復後の定期検診まで、幅広く患者さんとかかわれるのがこの仕事のいいところです。

印象に残っているできごとを 教えてください

ある時、乳房のX線撮影をするマンモグラフィの検査で、医師から「片方だけ撮ってほしい」という依頼

知りたい

がありました。不思議に思っていると、暗い顔の患者さんが入ってきました。その方の片方の乳房は外から見てもわかるぐらい乳がんにおかされていて、検査ができない状態だったのです。ご本人も異常に気づいていましたが、過去にマンモグラフィを撮った時にすごく痛くて技師の態度も悪かったため、「もう2度と検査したくない」と思い、病院に来られなかったのだそうです。検査を終えると、患者さんが「こんなに簡単に終わるならもっと早く来たのに」と泣きくずれ、ハッとさせられました。患者さんは検査を担当する技師を選べずに来ることが多いです。だからこそわたしたちは、患者さんが「もう検査をしたくない」と絶対に思わないよう、技術力を高め、接し方にも気を配らなければいけないことを実感しました。

ユウからの質問

仕事で放射線を使うのはこわくないですか？

よく聞かれる質問ですが、こわくないですよ。たしかに放射線は、何も知らずに使うととても危険なものです。でも、わたしたち診療放射線技師は「どうすれば放射線をあぶなくないように使えるか」を学び、医療に活かすプロフェッショナルです。だれよりも放射線に詳しく、安全に使うことができるのが技師なのです。ですから、自分たちの体もきちんと守りながら仕事をしています。

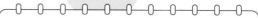

わたしの仕事道具

ノートパソコン

診療以外の仕事もかなり多いわたしの大切なパートナーです。移動中はもちろん、ふと立ち寄ったカフェなど、いつでもどこでもそこを「職場」に変えてくれます。日本のメーカーが国内で生産しているシリーズを愛用していて、現在のパソコンは6代目です。

みなさんへの メッセージ

病気を治すのは医師だけではありません。看護師や薬剤師をはじめたくさんの人がかかわっていて、診療放射線技師もその1人。「病気を最初に発見する」という大きな役割を担っている、大切な仕事ですよ。

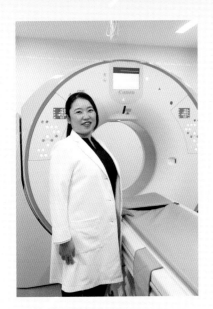

松浦由佳さんの今までとこれから

プロフィール

1981年、静岡県生まれ。大学卒業後、診療放射線技師としてはたらき、アメリカへ。帰国後は再び診療放射線技師としてはたらきながら大学院を修了。医療レギュラトリーサイエンスの研究を通して、広い視野をもった医療関係者の育成や、医療専門家の言葉をわかりやすく伝える活動をめざしています。

1981年誕生

6歳

会話の多い家庭に育ち、日本語を話さない人とのコミュニケーションに興味をもつ。

10歳

独学でできる手話や点字の勉強をはじめる。これがのちに、英語（外国語）や福祉・医療への興味につながっていく。

13歳

今につながる転機

医学を志すなか、アメリカのテレビ番組を見て、アメリカのメディカルスクールへの進学を考える。

17歳

高校の物理の授業で放射線に興味をもち、めざしていた医学の道と放射線への興味を両立できそうな、大学の放射線学科に進路を決める。

診療放射線技師として病院に就職。約6年間勤務する。

22歳

医療レギュラトリーサイエンスの研究のために、大学院博士後期課程に進学。

26歳

アメリカ研修に参加する。その後、もっとアメリカの医療を学びたいと、スタンフォード大学医学部への短期留学を経て、のちに同研究員として2年間はたらく。

35歳

診療放射線技師の仕事をしながら、医療レギュラトリーサイエンスの研究を続ける。大学の放射線学科での講義もあり、多忙な日々を送る。

現在

41歳

未来

51歳

日本の医療分野の発展に貢献していたい。

松浦由佳さんがくらしのなかで大切に思うこと

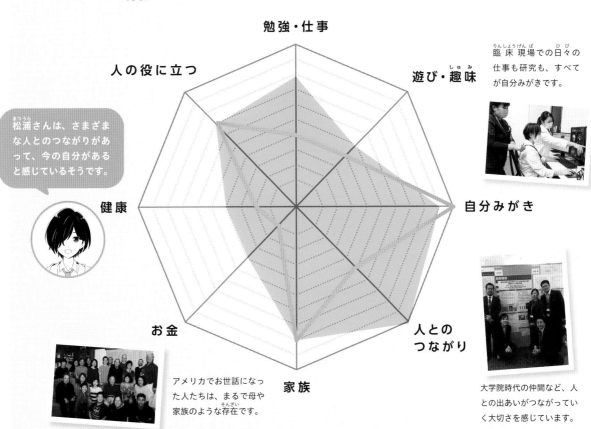

中学1年のころ
現在

勉強・仕事

人の役に立つ

遊び・趣味

自分みがき

健康

人とのつながり

お金

家族

松浦さんは、さまざまな人とのつながりがあって、今の自分があると感じているそうです。

臨床現場での日々の仕事も研究も、すべてが自分みがきです。

アメリカでお世話になった人たちは、まるで母や家族のような存在です。

大学院時代の仲間など、人との出あいがつながっていく大切さを感じています。

松浦由佳さんが考えていること

自分を型にはめずに
新しい枝葉をのばしていきたい

　子どものころから、父に「目の前のことではなく、先のことを考えなさい」と言われて育ちました。診療放射線技師としてはたらいていてもそのことが頭にあって、目の前の仕事だけでなく、「日本の放射線業界、そして医療の将来に役立つ仕事をしたい」とぼんやり考えていました。最初はどうすればいいのかわかりませんでしたが、アメリカではたらき、医療レギュラトリーサイエンスと出あったことで、目的に向かって動けるようになったと思います。

　木にたとえると、わたしは診療放射技師の仕事を幹に、新しい枝葉をどんどんのばしてきたといえるかもしれません。1つの分野を選んだからといって、そのことだけをずっとやろうと考えなくてもいいと思っているのです。自分を型にはめずにいろいろな可能性を追求するのは、楽しいですよ。

43

ジブン未来図鑑 番外編

医療が好き！
な人にオススメの仕事

この本で紹介した、医師、看護師、薬剤師、診療放射線技師以外にも、「医療が好き！」な人たちにオススメの仕事はたくさんあります。ここでは番外編として、関連のある仕事をさらに紹介していきます。

▶ 職場体験完全ガイド ❺ p.3 とあったら
「職場体験完全ガイド」（全75巻）シリーズの5巻3ページに、その仕事のくわしい説明があります。学校や図書館にシリーズがあれば、ぜひチェックしてみてください。

救急救命士

（ こんな人が向いている！ ）
・責任感が強い
・どんな状況でも冷静な判断ができる
・体力に自信がある

（ こんな仕事 ）
　救急車のなかで命に危険がある人の応急処置をします。患者の呼吸の確保や、薬の投与、心臓の拍動を正常にもどす処置などさまざまな業務があります。普段は消防署の救急隊員としてはたらきます。

（ 救急救命士になるには ）
　大学・専門学校を卒業後、消防官採用試験に合格して消防官の経験を積み、救急救命士の養成所で学びつつ救急救命士の国家試験に合格。または養成課程のある大学や専門学校を卒業後に国家試験と消防官採用試験に合格する方法があります。

▶ 職場体験完全ガイド ❶ p.27

臨床検査技師

（ こんな人が向いている！ ）
・理数系の教科が得意
・こつこつと積み重ねるのが好き
・きちょうめんでミスが少ない

（ こんな仕事 ）
　病院や臨床検査センターなどで、病気の診断や治療の効果を知るために、さまざまな検査を行いデータを取って、医師に提供する仕事です。検査には血液や尿などを検査する検体検査と、測定器で心電図や脳波などを調べる生理機能検査があります。

（ 臨床検査技師になるには ）
　大学または養成所などで、指定の科目を履修して受験資格を得たのちに、国家試験に合格し、臨床検査技師の国家資格を取得することが必要です。

▶ 職場体験完全ガイド ㉖ p.37

医学研究者

(こんな人が向いている！)

・医学や健康に関心がある
・興味のあることをとことん追求したい
・ものごとに集中して取り組める

(こんな仕事)

　医学研究には、基礎研究と臨床研究があります。基礎研究は遺伝子や免疫など、人体の構造や機能を明らかにする研究で、実験室でマウスや細胞などを使って行われます。臨床研究は病院などの治療の現場で実際の患者さんのデータを調べながら、病気の予防や診断、治療のよりよい方法を研究します。

(医学研究者になるには)

　臨床研究者になるには大学の医学部を卒業して、医師国家試験に合格する必要があります。基礎研究者には医学部以外の出身者も多いですが、大学院を修了した人がほとんどです。大学の研究室に所属するか、民間の研究所の募集に応募して採用されます。

医薬品開発者

(こんな人が向いている！)

・科学に興味がある
・ものごとをねばり強くやりとげる
・病気に苦しむ人々を救いたい

(こんな仕事)

　新しい薬を研究して開発する仕事です。薬として効果をもつ物質をさがしたり、合成したりするなど研究を重ねて新しい薬を開発します。動物などを用いた開発中の薬の効果や安全性を確認する実験や、薬の品質に問題がないかなどのチェックも行います。

(医薬品開発者になるには)

　大学や専門学校などに通って薬学の知識を学ぶ必要があります。多くの場合、大学院で研究を続けた後、大学の研究室ではたらくか、製薬会社や化粧品メーカーなどに就職します。

▶ 職場体験完全ガイド ㊶ p.37

助産師

(こんな人が向いている！)

・赤ちゃんが好き
・まわりの人を思いやることができる
・友だちから頼りにされることが多い

(こんな仕事)

　出産の介助が主な仕事です。現在の日本の法律では出産の介助ができるのは女性のみです。産前のケア、妊婦の心身の健康管理の指導、不妊や不育・産後の育児の相談にのるなどの仕事もあります。

(助産師になるには)

　看護師の国家試験を受験して合格し、さらに大学院・大学・短大・専門学校などで１年以上助産に関する学科を履修して受験資格を得て、助産師国家試験に合格する必要があります。病院、診療所、助産院などに就職します。

▶ 職場体験完全ガイド ㉒ p.37

保健師

(こんな人が向いている！)

・困っている人を助けたい
・人の話をじっくり聞くのが好き
・責任感が強い

(こんな仕事)

　保健所や病院、企業、学校などに勤務し、人々の健康な生活のために、病気予防や健康管理の指導をする仕事です。乳幼児健診や健康診断も行います。

(保健師になるには)

　国家資格が必要です。高校卒業後に保健師・看護師統合カリキュラムがある大学か専門学校に進学して国家試験に合格します。または、看護師の国家試験を受験して合格したあと、保健師養成学校か看護系の大学に編入して保健師国家試験に合格する方法もあります。

▶ 職場体験完全ガイド ㊶ p.3

歯科衛生士

（ こんな人が向いている！ ）
・いろいろな人と話すことが好き
・チームで作業することが得意
・相手の気持ちを考えることができる

（ こんな仕事 ）
　歯科医院などで歯の病気予防や歯科医師の診療の補助を行う仕事です。虫歯や歯周病の予防のために歯垢や歯石の除去、正しい歯のみがき方の指導などを行います。また器具の準備や、受け渡し、管理などを担当して歯科医師の診療を補助します。

（ 歯科衛生士になるには ）
　国家資格が必要となります。歯科衛生士の国家資格を取得するには、国が定める大学、短大、専門学校などで学んで国家試験に合格後に、歯科医院に就職します。

▶ 職場体験完全ガイド ㊶ p.13

理学療法士

（ こんな人が向いている！ ）
・明るくて協調性がある
・苦しんでいる人を放っておけない
・体力に自信がある

（ こんな仕事 ）
　理学療法士は、医療や福祉の施設でリハビリテーションの指導をする職業です。病気やけが、高齢などが原因で身体の動作に困難がある人を回復に導きます。運動療法、痛みをやわらげる物理療法、日常生活動作の訓練などを行います。

（ 理学療法士になるには ）
　理学療法士の国家資格取得が必要です。そのためには国が定める大学、短大、専門学校などで学び受験資格を得たあと、国家試験に合格する必要があります。

▶ 職場体験完全ガイド ⑭ p.23

作業療法士

（ こんな人が向いている！ ）
・体や心の仕組みに興味がある
・だれに対しても優しく接することができる
・相手の立場に寄りそって行動できる

（ こんな仕事 ）
　病院や保健所、リハビリセンター、老人ホームなどではたらきます。心に障がいをかかえた人や、理学療法での治療によって、身体の基本的な動きが回復した人に対して、作業療法を行います。作業療法では、作業を通じて治療や訓練を行って、日常生活をスムーズに送り、社会復帰に必要な複雑な動作を行えるようになるための手助けをします。

（ 作業療法士になるには ）
　作業療法士の国家資格を取得しなければなりません。そのためには国が定める大学、短大、専門学校で学んで受験資格を得たあと、国家試験に合格する必要があります。

言語聴覚士

（ こんな人が向いている！ ）
・子どもやお年寄りと接することが好き
・思いやりをもって行動できる
・チームで協力してものごとに取り組める

（ こんな仕事 ）
　医療機関、福祉施設、教育機関などの現場で、「聞く」「話す（理解する）」「食べる」などの面で不自由さをかかえている人に対して、その対処法を見いだして訓練や指導、アドバイスなどをします。家族への指導や情報提供なども行います。

（ 言語聴覚士になるには ）
　言語聴覚士国家試験に合格する必要があります。受験資格を得るためには、文部科学大臣が指定する大学・短大や、都道府県知事が指定する言語聴覚士養成所の卒業が必要です。

▶ 職場体験完全ガイド ㉒ p.13

漢方医

（ こんな人が向いている！ ）

・自然と触れ合うのが好き
・中国の伝統文化に関心がある
・東洋的な考え方が好き

（ こんな仕事 ）

　漢方とは、中国から伝わった医術のことです。漢方医は臨床医として病院に勤務し、漢方薬の処方を行います。一般的な内科の診察に加え、漢方医学を用いた診察を行い、患者がかかえる症状の改善や治癒をめざします。漢方薬を一般の処方薬と組み合わせるなど柔軟に対応することもあります。

（ 漢方医になるには ）

　まず、医師になる必要があります。医師としての経験を積んで内科、外科など19の基本領域から1つの専門医の資格を取るなどの条件を満たせば、日本東洋医学会の「漢方専門医」資格試験を受験できます。

鍼灸師

（ こんな人が向いている！ ）

・手先が器用
・いやし系といわれることが多い
・新しい知識に対する好奇心がある

（ こんな仕事 ）

　鍼灸師は東洋医学（漢方）に基づき、鍼や灸を用いて人体のツボに刺激を与えて治療します。肩こりや腰痛、冷え症、アレルギーやストレスなどでなやむ患者に対し、薬以外の方法でそれらの症状を治療して症状をやわらげます。

（ 鍼灸師になるには ）

　国や都道府県が定める大学、短大、専門学校で鍼灸リハビリテーションなどを学んで、「はり師」と「きゅう師」の両方の国家試験に合格する必要があります。

▶ 職場体験完全ガイド 26 p.27

「職場体験完全ガイド」で紹介した仕事

「医療が好き！」な人が興味を持ちそうな仕事を PICK UP！

こんな仕事も…

医療情報担当者（MR）／移植コーディネーター／治験コーディネーター（CRC）／医療コンサルタント／法医学医／医療事務員／精神保健福祉相談員／精神保健福祉士／医療ソーシャルワーカー／リフレクソロジスト／薬膳アドバイザー／音楽療法士／救急隊員

関連のある仕事や会社もCHECK！

関連のある仕事

関連のある会社

人の命と健康を守る仕事はさまざまな分野に分かれているんだね。

取材協力

NTT 東日本関東病院
東京 D タワーホスピタル
株式会社 バンブー
株式会社 3B
コトブキ調剤薬局 横須賀店

スタッフ

イラスト	加藤アカツキ
	仲本りさ
ワークシート監修	株式会社 NCSA
	安川直志（キャリアデザインアドバイザー）
	安川志津香（キャリアデザインアドバイザー）
編集・執筆	嘉村詩穂
	桑原順子
	田口純子
	室谷明津子
	吉田美穂
校正	有限会社 くすのき舎
	菅村薫
	別府由紀子
撮影	石見祐子
	大森裕之
デザイン	パパスファクトリー
編集・制作	株式会社 桂樹社グループ
	広山大介

ジブン未来図鑑　職場体験完全ガイド＋　⑧　医療が好き！

医師・看護師・薬剤師・診療放射線技師

発行　2023年4月　第1刷

発行者　千葉 均
編集　柾屋 洋子
発行所　株式会社 ポプラ社
　　　　〒102-8519
　　　　東京都千代田区麹町4-2-6
ホームページ　www.poplar.co.jp（ポプラ社）
　　　　　　　kodomottolab.poplar.co.jp（こどもっとラボ）
印刷・製本　図書印刷株式会社

©POPLAR Publishing Co.,Ltd. 2023
ISBN978-4-591-17667-2
N.D.C.366／47P／27cm
Printed in Japan

あそびをもっと、
まなびをもっと。
こどもっとラボ

自分の未来を「好き」から選ぶ、キャリア教育の新定番!

ジブン未来図鑑

職場体験完全ガイド+ N.D.C.366(キャリア教育) 全10巻

第1期

❶ **食べるのが好き!**
パティシエ・シェフ・すし職人・料理研究家

❷ **動物が好き!**
獣医・トリマー・動物飼育員・ペットショップスタッフ

❸ **おしゃれが好き!**
ファッションデザイナー・ヘアメイクアップアーティスト・スタイリスト・ジュエリーデザイナー

❹ **演じるのが好き!**
俳優・タレント・アーティスト・ユーチューバー

❺ **デジタルが好き!**
ゲームクリエイター・プロダクトマネージャー・ロボット開発者・データサイエンティスト

第2期

❻ **スポーツが好き!**
サッカー選手・野球監督・eスポーツチーム運営・スポーツジャーナリスト

❼ **子どもが好き!**
小学校の先生・保育士・ベビーシッター・スクールソーシャルワーカー

❽ **医療が好き!**
医師・看護師・薬剤師・診療放射線技師

❾ **アニメが好き!**
イラストレーター・アニメーター・声優・ボカロP

❿ **宇宙が好き!**
宇宙飛行士・星空写真家・宇宙開発起業家・天文台広報

仕事の現場に完全密着! 取材にもとづいた臨場感と説得力!!

職場体験完全ガイド

N.D.C.366(キャリア教育) 全75巻

第1期

❶ 医師・看護師・救急救命士 ❷ 警察官・消防官・弁護士 ❸ 大学教授・小学校の先生・幼稚園の先生 ❹ 獣医師・動物園の飼育係・花屋さん ❺ パン屋さん・パティシエ・レストランのシェフ ❻ 野球選手・サッカー選手・プロフィギュアスケーター ❼ 電車の運転士・パイロット・宇宙飛行士 ❽ 大工・人形職人・カーデザイナー ❾ 小説家・漫画家・ピアニスト ❿ 美容師・モデル・ファッションデザイナー

第2期

⓫ 国会議員・裁判官・外交官・海上保安官 ⓬ 陶芸家・染めもの職人・切子職人 ⓭ 携帯電話企画者・ゲームクリエイター・ウェブプランナー・システムエンジニア(SE) ⓮ 保育士・介護福祉士・理学療法士・社会福祉士 ⓯ 樹木医・自然保護官・風力発電エンジニア ⓰ 花卉農家・漁師・牧場作業員・八百屋さん ⓱ 新聞記者・テレビディレクター・CMプランナー ⓲ 銀行員・証券会社社員・保険会社社員 ⓳ キャビンアテンダント・ホテルスタッフ・デパート販売員 ⓴ お笑い芸人・俳優・歌手

第3期

㉑ 和紙職人・織物職人・蒔絵職人・宮大工 ㉒ 訪問介護員・言語聴覚士・作業療法士・助産師 ㉓ 和菓子職人・すし職人・豆腐職人・杜氏 ㉔ ゴルファー・バレーボール選手・テニス選手・卓球選手 ㉕ テレビアナウンサー・脚本家・報道カメラマン・雑誌編集者

第4期

㉖ 歯科医師・薬剤師・鍼灸師・臨床検査技師 ㉗ 柔道家・マラソン選手・水泳選手・バスケットボール選手 ㉘ 水族館の飼育員・盲導犬訓練士・トリマー・庭師 ㉙ レーシングドライバー・路線バスの運転士・バスガイド・航海士 ㉚ スタイリスト・ヘアメイクアップアーチスト・ネイリスト・エステティシャン

第5期

㉛ ラーメン屋さん・給食調理員・日本料理人・食品開発者 ㉜ 検察官・レスキュー隊員・水道局職員・警備員 ㉝ 稲作農家・農業技術者・魚屋さん・たまご農家 ㉞ 力士・バドミントン選手・ラグビー選手・プロボクサー ㉟ アニメ監督・アニメーター・美術・声優

第6期

㊱ 花火職人・筆職人・鋳物職人・桐たんす職人 ㊲ 書店員・図書館司書・翻訳家・装丁家 ㊳ ツアーコンダクター・鉄道客室乗務員・グランドスタッフ・外国政府観光局職員 ㊴ バイクレーサー・重機オペレーター・タクシードライバー・航空管制官 ㊵ 画家・映画監督・歌舞伎俳優・バレエダンサー

第7期

㊶ 保健師・歯科衛生士・管理栄養士・医薬品開発者 ㊷ 精神科医・心療内科医・精神保健福祉士・スクールカウンセラー ㊸ 気象予報士・林業作業士・海洋生物学者・エコツアーガイド ㊹ 板金職人・旋盤職人・金型職人・研磨職人 ㊺ 能楽師・落語家・写真家・建築家

第8期

㊻ ケアマネジャー・児童指導員・手話通訳士・義肢装具士 ㊼ 舞台演出家・ラジオパーソナリティ・マジシャン・ダンサー ㊽ 書籍編集者・絵本作家・ライター・イラストレーター ㊾ 自動車開発エンジニア・自動車工場従業員・自動車整備士・自動車販売員 ㊿ 彫刻家・書道家・指揮者・オペラ歌手

第9期

(51) 児童英語教師・通訳案内士・同時通訳者・映像翻訳家 (52) 郵便配達員・宅配便ドライバー・トラック運転手・港湾荷役スタッフ (53) スーパーマーケット店員・CDショップ店員・ネットショップ経営者・自転車屋さん (54) 将棋棋士・総合格闘技選手・競馬騎手・競輪選手 (55) プログラマー・セキュリティエンジニア・アプリ開発者・CGデザイナー

第10期

(56) NASA研究者・海外企業日本人スタッフ・日本企業海外スタッフ・日本料理店シェフ (57) 中学校の先生・学習塾講師・ピアノの先生・料理教室講師 (58) 駅員・理容師・クリーニング屋さん・清掃作業スタッフ (59) 空手選手・スポーツクライミング選手・プロスケートボーダー・プロサーファー (60) 古着屋さん・プロゲーマー・アクセサリー作家・大道芸人

第11期 会社員編

(61) コクヨ・ヤマハ・コロナ・京セラ (62) 富士通・NTTデータ・ヤフー・NDソフトウェア (63) タカラトミー・キングレコード・スパリゾートハワイアンズ・ナゴヤドーム (64) セイコーマート・イオン・ジャパネットたかた・アマゾン (65) H.I.S.・JR九州・伊予鉄道・日本出版販売

第12期 会社員編

(66) カルビー・ハウス食品・サントリー・雪印メグミルク (67) ユニクロ・GAP・カシオ・資生堂 (68) TOTO・ニトリホールディングス・ノーリツ・ENEOS (69) TBSテレビ・講談社・中日新聞社・エフエム徳島 (70) 七十七銀行・楽天Edy・日本生命・野村ホールディングス

第13期 会社員編

(71) ユニ・チャーム・オムロン ヘルスケア・花王・ユーグレナ (72) 三井不動産・大林組・ダイワハウス・乃村工藝社 (73) au・Twitter・MetaMoJi・シャープ (74) ABEMA・東宝・アマナ・ライゾマティクス (75) 東京書籍・リクルート・ライフイズテック・スイッチエデュケーション

ワークシート 「自分のキャリアをイメージしてみよう」

STEP1

1

「自分の生まれた年」と「現在の年齢」、「今好きなこと」や「小さいころ好きだったこと」を書いてみましょう。

2

この本で紹介している4人の「今までとこれから」を参考に、**「これから学びたいこと」「してみたいこと（アルバイトなど）」「どんな仕事につきたいか」「どこにだれと住んでいたいか」**を、年齢も入れながら書いてみましょう。

3

60歳の自分が「どんなくらしをしているか」、想像して書いてみましょう。

4

気づいたことを、メモしておきましょう。

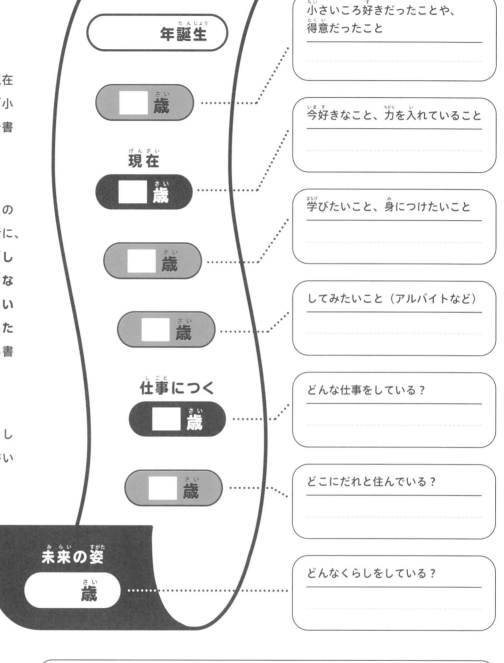

誕生年

□ 歳

現在

□ 歳

□ 歳

□ 歳

仕事につく

□ 歳

□ 歳

未来の姿

□ 歳

小さいころ好きだったことや、得意だったこと

今好きなこと、力を入れていること

学びたいこと、身につけたいこと

してみたいこと（アルバイトなど）

どんな仕事をしている？

どこにだれと住んでいる？

どんなくらしをしている？

なりたい自分に近づくために必要なこと

気づいたこと

STEP2

なりたい自分に近づくために必要なことは何か、課題は何か、考えてみましょう。